Madame
Poipoi

Monsieur
Henri

Gino
Marto

Rémi
Lepoivre

Adrien
Dubouchon

Mélani
Lano

Tom-Tom et Nana

Ça roule !

Scénarios : Jacqueline Cohen, Evelyne Reberg
avec les collaborations de C. Carré,
B. Ciccolini, R. Maine et B. Marthouret
Dessins : Bernadette Després
Couleurs : Catherine Viansson-Ponté

Marie-Lou
Dubouchon

Yvonne
Dubouchon

Nana
Dubouchon

Tom-Tom
Dubouchon

Allô Tom-Tom bobo...................... 5

Trois-mâts et gros dégâts...... 15

Un cadeau renversant.........25

Les maths, c'est du sport 35

La grande trouille 45

Les casse-plâtre 55

Jamais contents!............65

Tous en scène!.............75

Fichue magie!.............85

© Bayard Éditions Jeunesse, 2004
ISBN : 2 7470 1274 4
Dépôt légal : avril 2004
Droits de reproduction réservés pour tous pays
Toute reproduction, même partielle, interdite
Imprimé en France par Pollina - L63024F
Tom-Tom et Nana sont des personnages créés par
J. cohen, E. Reberg, B. Després et C. Viansson-Ponté

Allô Tom-Tom bobo

6

Eau de vaisselle désinfectante !

Sécateur spécial amputation !

Tuyau de lavage d'estomac !

J'ai même pensé aux bandages !

Tu te fiches de moi !

Je suis secouriste, pas éboueur !

Alors tant pis pour toi !

Je démissionne !

Non ! Reste !

Tom-Tom et Nana : ça roule !

7

Un bon secouriste travaille même avec du matériel pourri !

Mon doigt va tomber !

Fais voir !

Attention, hein !

Mais y a rien ! Même pas une écorchure !

C'est de la bricole, ça ! Tu me fais perdre mon temps !

Je vais me faire soigner par un vrai docteur, là !

C'est ça !

Ouille ! Ouille !

Mauviette !

Hi ! Hi !

9

Scénario : Béatrice Marthouret, avec J. C. et E. R.

14

Trois-mâts et gros dégâts

À l'abordage !

Halte, moussaillonne !

gloups !

Pas touche à cette galère !

DÉFENSE DE TOUCHER

C'est pas une galère, marin d'eau de vaisselle !

DÉFENSE DE TOUCHER

Tu connais pas les galères à trois mâts ?

Bas les pattes !

TROIS MÂTS

Moi, j'ai le droit ! Je suis le capitaine, non ?

17

Tom-Tom et Nana : Ça roule !

Y a plein de place...

Normal, c'est la cale !

On va le remplir avec nos cahiers !

Tu crois ?

PLAF !

BING !

PLOF !

D'accord ! Mais vite pendant qu'il n'y a personne !

Mille sabords ! On peut tout mettre !

PAF !

BING !

Ne vous mettez pas en retard monsieur Henri !

Attention, j'entends papa !

Je referme les écoutilles !

Tom-Tom et Nana : Ça roule !

19

Ils les feront au retour !

Au retour ! Nous sommes bien d'accord !

Bien sûr, mamounette !

Revenez vite fêter la victoire !

Levons l'ancre matelots !

Essaie de récupérer nos cahiers !

Toi-même ! J'ai les mains prises !

Ce n'est pas trop lourd, Nana ?

Oh non ! C'est léger comme une plume !

CONCOURS DE LA PLUS BELLE MAQUETTE !

Ah ! Monsieur Henri ! Il ne manquait plus que vous !

Hum ! Hum !

Bravo !

Chers amis, je suis fier de vous présenter le "Flotte Toujours" !

Ouvre-le vite !

Peux pas ! Tout le monde regarde !

Larguez les amarres !

On récupèrera tout après !

Hourrah !

Floutch !

21

Tom-Tom et Nana : Ça roule !

Scénario : Bernard Ciccolini et Régis Maine, avec J. C. et E. R.

Un cadeau renversant

25

Sortez d'ici !!

Mais c'est la fête du maître, je lui cherche un cadeau !

C'est dur ! Il trouve tout moche !

Pfff !

Je suis fichu ! Les autres vont apporter des super giga trucs !

Snif !

BLOM !

Pauvre Tom-Tom ! Tu pourrais l'aider au lieu de crier !

Bon ! Un cadeau pour monsieur Tabouret...

... Je crois que j'ai une idée !!

C'est vrai ?

BANG !

26

28

Attendez, qu'on vous explique !

C'est trop marrant !

Si tu fais un cadeau à Dubouchon, tu lui achètes un...

...bouchon !

Eh bien, à Tabouret, tu lui offres une...

...chaise longue !

Heureusement que le maître s'appelle pas, euh...

...monsieur...

...euh...

...monsieur Cabinet !

Hi-hi-hi-hi-hi-hi-hi !

Au même moment...

C'est bizarre !

29

J'aurais pas fait une bêtise, par hasard ?

On ne s'en servait pas... Y avait bien une raison !

Yvonne ! Tu te rappelles la chaise longue ?

?

...Pourquoi on l'avait mise à la cave ??

Si tu crois que ça m'intéresse !

Avec tout le boulot qu'on a !!

Mouais... N'empêche que ça me tracasse !

Mon dessin, j'ai envie de le jeter !

Moi pareil, avec mon caillou !

Mon scoubidou, il est nul !

Allez, sois sympa, Tom-Tom ! Dis au maître que c'est notre cadeau à tous !

Vous exagérez ! C'est nous qui l'avons transporté !

Et c'est mon père qui a eu l'idée !

Il est super, son père !

Ça, oui !

Allez, Tom-Tom ! S'il te plaît !

D'accord ! Je vais être sympa !

Ouais !! Ça marche !!

Tu es un amour !

Soudain...
Et si...?
Oh non !!

Adrien, tu es fou ? Tu sors en pantoufles ?!

Tant pis ! J'en aurai le cœur net !

Elle avait un problème cette chaise longue...

...Il faut absolument que je la récupère !

Zut ! Ils sont déjà rentrés !

Tant pis, j'y vais quand même !

Scénario : Claude Carré, avec J. C. et E. R.

Les maths, c'est du sport !

Le problème ?! C'est pour demain ? Et il est archi dur, on en a pour 3 heures !

T'exagères!

Avec lui, ce sera réglé en 3 minutes, tu paries?

Tap ! Tap !

Allez, le premier qui a fini appelle l'autre !

Okédaccord !

T'inquiète pas, je vais t'aider !

Vite, au boulot !

Les maths avant tout !

Je te tiens la calculette !

PiNG !

Tom-Tom et Nana : Ça roule !

Tom-Tom et Nana : ça roule !

Si c'est vrai, j'irai me plaindre au maître ! Montre-moi ça !

Voyons ! Blblblbl... blblblbl...

Mais... c'est super !

Voilà des maths comme je les aime ! Un problème utile !

Il faut 10 seaux d'eau pour remplir une baignoire. Or elle fuit et perd 1/2 seau par minute.

Sachant qu'il faut 1 minute, aller-retour, pour rapporter 1 seau de la fontaine, en combien de temps la baignoire sera-t-elle pleine ?

Tom-Tom et Nana : Ça roule !

Très excitant, ce problème !

On s'y met !!

Oui ! Ça va nous muscler les neurones !

Tu vas battre Rémi, je le sens !

Alors, ça marche ?

Minute ! J'ai le ciboulot en surchauffe...

...2 demi-seaux font 1 seau, donc...

La baignoire contient 20 demi-seaux...

Attendez, je crois que j'ai trouvé !

Bon sang mais c'est bien sûr !!! Une baignoire...

Tom-Tom et Nana : Ça roule !

On en a une vieille dans la cave !

Rien ne vaut l'expérience !

Y a qu'à la percer, la remplir, compter...

?!?

CAVE

On va le résoudre ce problème !

CA

Bling !
Clang !
Blong !

Poussez-vous !

Yvonne ! La perceuse !

Si on allait chez Rémi, direct !

Ouais !

BONG !

Hep ! Toi, tu vas chercher l'eau à la fontaine !

Tom-Tom et Nana : Ça roule !

Je peux y aller en rollers ?

Si tu veux !

Une minute aller-retour ! Je contrôle !

Je viens avec toi ! Finalement on va rigoler !

Prêts à partir ?

Prêts !

Très réussi votre petit trou !

CLIC !

Top chrono ! Et c'est parti !...

... Mon kiki !

16... 17... 18... 19...

Tom-Tom et Nana: ça roule !

Tom-Tom et Nana : Ça roule !

Top chrono !

Ne lâche pas ton guidon !

Faut regagner une minute !

Après 10 autres allers-retours...

A-a-a-a-a- attention ! Ça dérape !

Malheur !

Elle est pleine !

En 20 minutes, exactement ! On a gagné !!!

Rémi va en tomber raide !

Te casse pas la tête, Rémi ! C'est hyper fastoche : la baignoire, elle se remplit en 20 minutes !!

Hein ? Quoi ?... Qu'est-ce que tu dis ??... Oh nooon !!!

Euh... je me suis trompé ! Le problème, c'est... une histoire de voiture avec une roue qui se dévisse...

Allez, on s'y met !

FIN

Scénario : Bernard Ciccolini et Régis Maine avec J.C. et E.R.

La grande trouille

« La Tête Coupée Qui Cherchait Une Maison", alors !

NON !!

Mais tous nos copains l'ont vu !

Vous savez bien que ces films vous font peur !

Et qu'après c'est la crise !

Même pas vrai !! On adore avoir la trouille !

C'est ça !

Allez louer un conte de fées !

Ça fait peur et c'est pour les enfants !

Ils nous prennent pour des bébés ou quoi ?!

Le rayon enfants, c'est là-bas !

« Choukinette et Choukinou au Pays des Bisous »... Pfou !

Regarde plutôt ça !
« La Vengeance de l'Œil Crevé »,
« Le Cœur du Mort Battait Encore »...

47

Tom-Tom et Nana : Ça roule !

Être condamnés aux contes de fées alors que ces merveilles existent !

On ne va pas se laisser faire ! Choisis-en un !

Lequel ? Tout a l'air si bien !

?!?

Tenez, je vous le rends ! Ma femme a eu si peur qu'elle a perdu tous ses cheveux !

Voilà ce qu'il nous faut ! "Le Hachoir Hanté" !...

C'est pour nos parents, madame !

Tom-Tom et Nana : ça roule !

À ton avis, ça raconte quoi ?

Ben, l'histoire d'un hachoir qui hante une maison !

Un hachoir comme celui de la cuisine ?

En mieux !

Un hachoir qui hache des têtes, des bras, des jambes ! **Takata-katak !**

Dis donc, comment je ferai pour aller faire pipi la nuit ?

Ben...

CROUIK !

TAKATAKATAK !

Papa ! Maman !

Tom-Tom et Nana : ça roule !

Ouf ! On l'a semé !

?

Et votre vidéo ?

On n'a rien pris !

Sauvés !

CLAC !

Les enfants ont perdu ça...

PFFF !

PFFF !

Ah, les chameaux !

Je vois... Ils se sont encore fait une grande trouille !

Tom-Tom et Nana : Ça roule !

Tom-Tom et Nana : Ça roule !

Scénario : Béatrice Marthouret avec J. C. et E. R.

Les casse-plâtre

Tom-Tom et Nana : Ça roule !

On a dit : "Pas de copains à la maison cette semaine !"

Rémi est un cas spécial ! On l'emmène en salle d'opération !...

... Pour lui scier la jambe !

Quoi ?

C'est pour rire !

Demain on me retire mon plâtre !

Là, on va faire une répétition !

Pas de bêtises, hein !

Ne t'inquiète pas ! C'est pour rire, on te dit !

Attention en montant dans votre chambre !

58

Ça alors ! Je les avais posées ici !?!

Et une pince, une ! Allez ! On l'opère !

Oui, mais avec la scie !

Nan ! Avec la pince !

Euh... Attendez ! Finalement ce n'est pas avec une scie ou une pince qu'on opère mais...

...Avec douceur !

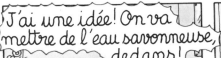

62

Plus tard...

Dis-donc, j'ai perdu un sac de plâtre maintenant!

Euh... Au revoir tout le monde! Je rentre chez moi!

Au revoir, Rémi! J'espère que Tom-Tom et Nana ne t'ont pas fait trop de misères!

Non, non! Moi, ça va très bien!

???

Mais où est passé son plâtre?

Scénario : Bernard Ciccolini et Régis Maine avec J. C. et E. R.

Jamais contents !

Tom-Tom et Nana : ça roule !

Sniff ! Ça sent... le mammouth crevé !

Meuh non !

Et vous avez vu cette crasse ?!

Dire que c'est vous qui nous avez entraînés ici !

Vous n'êtes jamais contents !

Dès qu'on change vos petites habitudes, vous râlez !

Rigolez au lieu de faire la tête !

Monsieur Henri va arriver, ça va être un super réveillon !...

PLOC !
POF !

Justement...

Ho-là... Dangereuse, cette stalactite !

CRAC !

BROOOM !

?!? PLOOOF !

Vous avez entendu ?

Ouiii ! On se croirait dans un film d'épouvante ! Quand la porte s'ouvre avec un...

Errrrrrr...

Au secours !

Hou ! C'est moi, l'abominable Henri des neiges !

Oooooh !

CLAC !

Alors, il vous plaît mon chalet ?

Euh...

...énormément !

On l'adore !

J'en étais sûr !

Eh bien, que la fête commence !

Ouiii !!

C'est un sapin musical ! Pour démarrer l'année en fanfare !

Il joue "La Marseillaise" !

Ah ?

Géant !

À la une, à la deux, à la...

Zzzzouing !

Les plombs ont sauté ! On est cuits !

Plus de lumière, plus de chauffage...

C'est le pompon !

De mieux en mieux ! On dirait la fin du monde !

Quel étourdi !... J'ai tout laissé en bas, dans la vallée !

Sauf mon étui à lunettes !

Oh non !

On comptait sur vous !

J'ai les boyaux qui hurlent de famine !

On ne va tout de même pas creuser la neige pour manger des racines !

Euh... pas de panique...

J'ai apporté un **énorme** dessert !

Ouf ! Sauvés !

Il est dehors, au frais !

Papou ! Fais-nous du feu, et on réveillonnera devant la cheminée !

Écartez-vous !

Et hop !!

Nnnnon ! Atten....

Mon dessert !!!...Ma bûche glacée !!!

C'est pas vrai !

À quoi on joue, maintenant ?

Aux cannibales ??

FIN

74

Tous en scène !

Demain, il y a théâtre et j'ai oublié de regarder mon texte !

Ça m'étonne pas !

J'avais plein de devoirs à finir !

Tu les as pas faits non plus !

Par pitié ! Aide-moi à répéter mon rôle !

Tu m'as pas aidée, toi, pour apprendre "Le corbeau et le renard" !

Normal, c'est hyper fastoche ! Moi, à 3 ans, je savais ça par cœur !

Ah oui ? Eh bien, récite pour voir !

76

Pas le temps ! J'ai un rôle énorme à apprendre !

Tu parles !

Je suis un artiste incompris !

Pauvre chéri !

Aaah ! J'en ai marre !

Personne ne m'aide dans cette maison !

Ô malheur ! Je suis perdu ! Je suis assassiné !

Je vais t'aider, moi ! J'ai joué dans "Bambi roi de la forêt" quand j'étais petite !

On va tous s'y mettre !

Oh oui ! Ce sera amusant !

Voyons un peu cette pièce !...

C'est là !

Hou là ! C'est drôlement moderne !

Vous, je vous vois bien dans le rôle du lapin !

Ah non ! Je serai le chevalier !

Et moi, la princesse Tourniquette !

Y a pas un corbeau ou un renard ?

Baisse le son, tu veux ? On écoute Tom-Tom !

Mais... on peut pas jouer sans costumes !

Il a raison ! Faut se déguiser !

Pourquoi pas en corbeau ou en renard ?

Chut !

Suivez-moi !

Voilà un superbe casque !

Et voici le fusil du chasseur !

Nous sommes prêts !

Déjà ?

Pas mal ! Manque plus que le décor !

Moi aussi, je suis une artiste !

Toi, occupe-toi de ton corbeau et laisse-nous travailler !!

Frimeur !

D'abord, il n'y a pas d'autre rôle dans cette pièce !

J'ai une idée : elle va jouer le public !

Oui ! La foule en délire !

Ah ?

Allez-y !! Le public s'impatiente !!

Pfff !

Ne perdons pas de temps, commençons !

Vas-y, Tom-Tom !

Joue !

Euh... non !

82

FIN

Scénario : Bernard Ciccolini et Régis Maine avec J. C. et E. R.

Fichue magie !

Ben... Qu'est-ce qui se passe ? Elle est malade, mamounette ?

Elle est fatiguée ! Elle dit qu'il y a trop de bruit !

CLAC !

Ah bon ?! Quel bruit ?!

Elle va rester au lit aujourd'hui...

Alors je compte sur vous pour être sages !

Pas de problème !

Sages comme des rois mages !

Et notre après-midi "Spécial crêpes", alors !

.... C'est vrai, ça !

Sans Maman, les crêpes tombent à l'eau !

Pas très rigolo les crêpes à l'eau !

BING !

PAF !

Il faut trouver une solution. Il y a urgence urgente !

CLAC !

Notre nouvelle mission ! "Stop la fatigue" !

Se battre contre la fatigue, c'est trop dur...

L'ennemi est invisible !...

BING !

Le mieux, ce serait la magie...

Madame Ziza ! Bien sûr, c'est ça l'idée !

Quoi ?

Rappelle-toi l'histoire qu'elle nous a racontée...

...Un magicien qui remettait tout le monde sur pied !

Grâce à sa recette aux esprits !

Oui, oui, oui !

TAP! TAP! TAP!

Même qu'on avait écrit sa recette sur un petit carnet !

Et même que ce carnet, il est...

Euh... Quelque part là-dedans !

HOP !

PAF!

BING!

PONG!

Ça y est je l'ai !

Alors ? Vite !!!

"Pour chasser la fatigue, il faut d'abord"

"La faire passer dans un autre corps..."

Pourquoi tu me regardes comme ça ?

"Une peluche, ou une poupée fera l'affaire"...

Non, pas mes poupées !!

Tu veux que Maman se défatigue ou pas ?

Si, je veux ! Mais pas question de toucher à mes Derbie !

T'as une autre idée, peut-être !

Oui ! Mais c'est dans la chambre de Marie-Lou !

Si elle nous voit elle nous zigouille !

Personne....

Au large les têtards

Voilà notre victime !

T'es folle ! Pas sa Minouchette toute neuve !

Dépêche-toi ! Cette super-mocheté ira très bien !

Et maintenant, le plus difficile....

Rooon...

Chuuuttt...

Rrooonn... Pchchch... Rooon...

"Prendre une mèche de la personne fatiguée,..."

Oups! Rooon...

Clic!

"Ouvrir le ventre de la chose, mettre la mèche à l'intérieur"...

"Recoudre l'ouverture avec du fil blanc"...

Pique et pique et magigram...

"Et tremper le tout dans l'encre noire"...

Plouf! Trempette!

PING

"Avant de la transpercer de quatre aiguilles à tricoter"... Burps...

Attention ! Maintenant, la formule magique !

Gla-gla-gla...

"Sors d'où tu es, fatigue de malheur, et viens t'emparer de cette horreur !"

J'en ai la chair de frisson !

Voilà, il ne reste plus qu'à fixer le truc !

Rrooon...

Pourvu que ça marche !

Rrooon...